Anna Roy • Stéphanie Rubini

Si chères à mon cœur

Histoires au féminin pluriel

Hatier

Histoires au féminin pluriel

Prélude

Bonjour, je m'appelle Anna et je suis sage-femme depuis 15 ans.
Et je dois dire que je ne connais pas de profession plus exaltante, plus exigeante, plus contrastée, plus merveilleuse que la mienne.

Vous allez me dire que je manque d'objectivité ? Vous avez bien raison, mais permettez-moi d'essayer de vous convaincre. Laissez-moi vous emmener à la rencontre de celles et ceux qui sont si chers à mon cœur.
Je les aime tant et tant. Ma famille ? Mes amis ?
Non, non, mes patientes et mes patients, bref vous toutes et tous...

Avant de les rencontrer, je propose de vous raconter trois moments inauguraux, question de faire les présentations !

Quand j'étais petite fille...

J'étais fascinée par la naissance, la mort, les hôpitaux et l'espace. Je rêvais de travailler auprès des naissants, des mourants ou d'aller toucher du bout du doigt la Lune et les étoiles. Vous expliquer pourquoi ? Je n'en saurais rien.

Ma vie, c'était les sciences, la lecture, les histoires du soir, contempler les arbres, faire des promenades.

J'étais terriblement seule et je m'ennuyais beaucoup parce que je n'avais pas de frères et sœurs. Ce n'est ni un mal ni un bien, mais j'ai donc beaucoup pensé et rêvé.

Je souffrais du décalage avec les enfants de mon âge.

Quand j'étais étudiante, en garde d'observation...

J'assiste à mon premier accouchement. C'est au-delà de ce que je pouvais imaginer. Je suis époustouflée. Pour la première fois de ma vie, je vois un sexe de femme et ce sexe a un visage. J'assiste à l'inimaginable, quelqu'un qui se dédouble devant moi.

Les yeux me sortent de la tête, je ne peux pas croire ce que je vois. Les deux parents, leur enfant, la sage-femme, l'infirmière et moi sommes comme projetés hors du temps et de l'espace dans une faille spatio-temporelle.

Dans cette garde, tout me plaira : les accouchements, les urgences, la réanimation d'un nouveau-né. Tout est fort, tout est vrai. La réalité dépasse de loin les milliers de livres que j'ai pu lire. Pas de doute, je suis à la bonne place.

J'ai 19 ans, j'ai terriblement hâte de voir la suite !

Quand je suis devenue sage-femme, le jour où j'ai prêté serment...

En cinq années d'études, en côtoyant quotidiennement l'hôpital, la vie et la mort, j'ai l'impression d'être passée de l'état de nourrisson à celui d'une femme d'expérience de 50 ans. Pourtant, j'ai seulement 23 ans.

Avec mes camarades de promo, nous prêtons serment et je mesure l'importance de chaque mot que je prononce.

"(...) je promets et je jure d'être fidèle aux lois de l'honneur et de la probité. Mon premier souci sera de rétablir, de préserver ou de promouvoir la santé dans tous ses éléments, physiques et mentaux, individuels et sociaux.

Je respecterai toutes les personnes, leur autonomie et leur volonté, sans aucune discrimination selon leur état ou leurs convictions. J'interviendrai pour les protéger si elles sont affaiblies, vulnérables ou menacées dans leur intégrité ou leur dignité. Même sous la contrainte, je ne ferai pas usage de mes connaissances contre les lois de l'humanité. (...)

Quelle responsabilité !

Déjà, je suis colère : j'ai vu tant et tant d'injustices pendant mes études, tant de mépris pour les femmes et les sages-femmes. Je suis bien décidée à ce que cela change.
Déjà, je suis joie : quelle profession merveilleuse, quelle importance, quelle utilité ! J'ai hâte d'être le surlendemain, jour de ma toute première garde de sage-femme.

La morte et le vilain petit canard

Bonjour à toutes, je m'installe et j'arrive dans deux minutes.
C'est parti pour les consultations. Une toutes les quinze minutes. Pas question de rêvasser.

* « Une petite cantate », Barbara, 1965

Mais j'ai revêtu le masque de la bonne humeur pour que mes patientes enceintes ne le remarquent pas.
Vous êtes mon héroïne ! 4 garçons chez vous et un dans le ventre... et moi je ne m'en sors pas avec mon chien !
Hi Hi Hi Hi Hi Hi
Vraiment, c'est super que vous ayez réussi à obtenir ce poste ! Je suis très contente pour vous.
Le bébé ne bouge jamais trop ! Par contre, il n'y a aucune raison qu'il change en sortant de votre ventre !
C'est vraiment important que vous arrêtiez de travailler maintenant. On ne regrette jamais d'avoir été trop prudent, on regrette toujours de ne pas l'avoir été assez.
Vous courez toujours 10 km ! Et dire que je crache mes poumons quand j'enfile mes baskets !
Et ça marche !
Suivante !

Putain... Il ne manquait plus que ça !
DOSSIER PATIENTE
Cerise sur le GÂTEAU au ÇACA
décidément une JOURNÉE de MERDE...
À TOUS LES COUPS ELLE N'AURA PAS FAIT SES EXAMENS PRESCRITS
ET JE VAIS DEVOIR PASSER 2H À LA CONVAINCRE DE FAIRE DES EXAMENS QU'ELLE NE FERA JAMAIS
Tic Tic Tic Tic Tic
Tic Tic Tic Tic Tic Tic
Bip
Bip

Léna, à l'hôpital, tout le monde la connaît.
Quand elle n'est pas là pour une grossesse, elle est là pour une IVG...
MATERNITÉ DU RETOUR
... un accouchement, un séjour en maternité
CENTRE DE PLANNING FAMILIAL
PILULE
... une prescription de pilule qu'elle ne prendra jamais
MATERNITÉ À BIENTÔT
Léna a eu 4 IVG, 2 enfants, est enceinte du troisième (3 pères différents). Et tout ça sur une poignée d'années. Elle va d'infection en infection, ne prend jamais les traitements qu'on lui prescrit. Léna, c'est le vilain petit canard version patiente.

J'arrive encore à être gentille à la différence de mes consœurs ou confrères, mais elle m'énerve prodigieusement.
Elle se fiche de tout dans la vie, mais aussi de nous.
Madame Léna Macquart ?
Léna Macquart ?

Tiens tiens, comme c'est étonnant…
Comme d'habitude, elle aura 30 minutes de retard et je ne dirai rien. J'ai toujours mon masque mais je sens qu'il craquelle. Plus les heures passent, plus j'ai du mal à faire semblant.

Bonjour Mme Macquart, comment ça va? Vous avez pu faire votre prise de sang?
Non.
J'ai jamais réussi à prendre rendez-vous...
Ben voyons... comme s'il fallait prendre rendez-vous pour une prise de sang.
Mais je suis quand même venue pour le frottis!
Oui, bah heureusement! Ça fait des mois qu'on vous court après et que vous rechignez à le faire.
Bon cette fois, c'est la bonne, on fait le frottis. Des questions?
Non...
Promis, ça ne fait pas mal et si c'est le cas, vous m'arrêtez immédiatement.
OK Anna, tout est clair.
Vous pouvez vous déshabiller derrière le paravent. Pas la peine d'enlever le haut, juste le bas.

Désolée, il ne fait pas super chaud...
Ensuite vous pourrez vous installer sur la table
et prendre le drap pour recouvrir vos jambes.

BOOUHOUOU
Vous avez l'air si triste... J'espère que ce n'est pas grave !
Jamais je n'avais pleuré devant une patiente ! Au secours ! Je n'arrive pas à me reprendre malgré mes efforts inouïs... C'est comme un fou rire mais avec des larmes.

Merci Léna, merci. Hier, j'ai accompagné un enfant mort-né à terme et je l'ai mis dans un frigo, enveloppé dans un linge...
...et je ne me ferai jamais à ça, jamais. Pas plus que je ne me ferai à la tristesse des parents. Je suis désolée d'avoir réagi comme ça.
Mais c'est normal, je vous aime beaucoup!
Et je vous sentais si triste! Au revoir Anna.
Elle se fout de moi ?
Je me sens instantanément si mal de l'avoir rudoyée à plusieurs reprises, de l'avoir méprisée en mon for intérieur.
C'est elle qui a joué les soignantes aujourd'hui et elle l'a très bien fait.

13 février 2023
À partir de ce jour-là, j'ai décidé d'aimer Léna...
... et cet amour-là, réciproque, lui a permis de se mettre à voler de ses propres ailes. À partir de ce jour-là, j'ai osé aimer mes patientes, me réjouir et avoir de la peine avec elles.
Et j'ai envoyé se faire foutre tous les principes qu'on m'avait enseignés à la faculté de médecine, de distance thérapeutique, "je garde les patients à distance", et d'asepsie verbale, "on se tait sur ce qu'on pense et ce qu'on ressent".

La vie est étonnante !
C'est grâce à Lola, la petite fille morte, et c'est grâce à Léna que j'ai remporté le concours d'éloquence de la fondation des femmes devant 2 200 personnes au théâtre de l'Odéon. Elles ont été ma force toutes les deux, elles étaient pourtant les plus vulnérables.
La morte et le vilain petit canard. C'est chouette de voir que, parfois, c'est l'amour qui gagne.
CLAP
CLAP
CLAP
CLAP
CLAP
CLAP
CLAP
CLAP
CLAP
CLAP
CLAP
CLAP
CLAP
CLAP
CLAP
CLAP

Dame Nature

Une nuit de janvier, un froid de gueux.
Les filles, j'en peux plus... Ça fait 2 jours que je suis de garde la nuit. Je vois plus la lumière du jour...
Je voudrais être sous ma couette devant un bon film...
En salle 6, il y a une dame primipare, sans antécédents particuliers, grossesse de déroulement normal à 39 semaines d'aménorrhée plus 3 jours, col ouvert à un doigt, présentation plongeante. Elle est en tout début de travail. Bref, rien à dire sur le plan clinique.
Par contre, je ne les connais peut-être pas assez bien, mais je les trouve bizarres.
Ah bon, pourquoi ?
Bah tu verras... Il y a un projet de naissance long comme le bras qui a été discuté avec l'équipe pendant la grossesse. Avec beaucoup de choses irréalistes. Et puis là, j'en sais rien, mais je sens un truc étrange entre eux. Tu me diras !
Amélie, je te laisse tâter le terrain.

Pendant ce temps, je lis le projet de naissance.
Des bougies, surtout pas de lumière électrique.
Impossible, avec nos prises d'oxygène dans les murs, on peut faire sauter la baraque !
La sage-femme doit être seule avec eux, pas d'infirmière ou d'aide-soignante.
Aucune intervention médicale même en cas de danger !
Ne pas retenir la tête de l'enfant au moment de l'accouchement.
C'est too much !
La sage-femme qui les suivait avait pris beaucoup de temps pour expliquer pourquoi ce n'était pas possible.
Long entretien avec les parents. Ils ont bien compris et acceptent nos refus concernant les points détaillés ci-dessous.
Alors, que disent les parents ?
Que ça va être très compliqué...

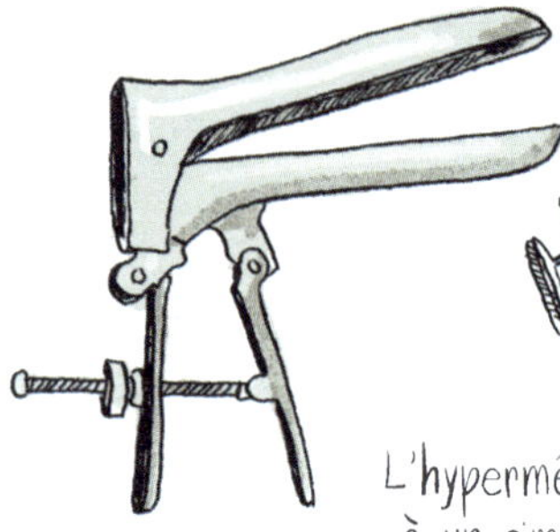
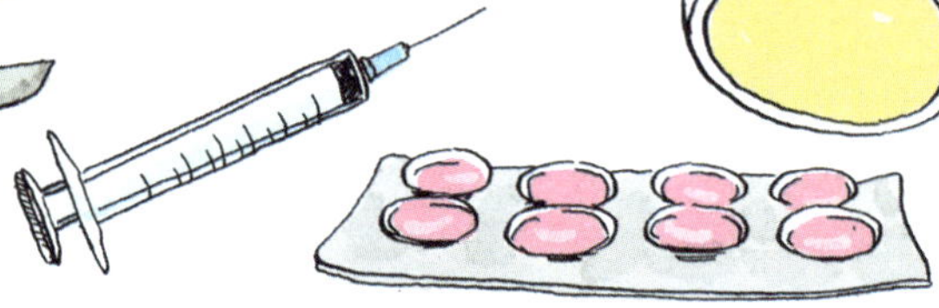

L'hypermédicalisation de la naissance, en réduisant l'accouchement à un simple acte médical et technique, a suscité, chez certains patients, des réactions de méfiance à l'égard des équipes hospitalières. Nous avons donc l'habitude de lire des projets de naissance qui, dans leur immense majorité, me semblaient cohérents. En général, les jeunes parents souhaitaient pouvoir garder le bébé les deux premières heures si tout allait bien. Ils ne voulaient pas d'intervention médicale pour accélérer le travail si ce n'était pas nécessaire, etc. Bref, des demandes très compréhensibles. Leur souhait ? Une médicalisation raisonnée.

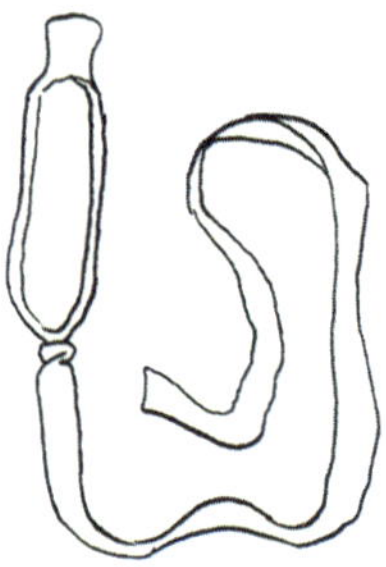
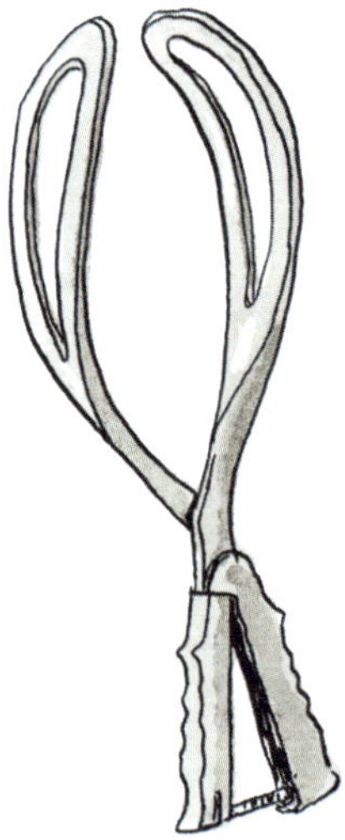
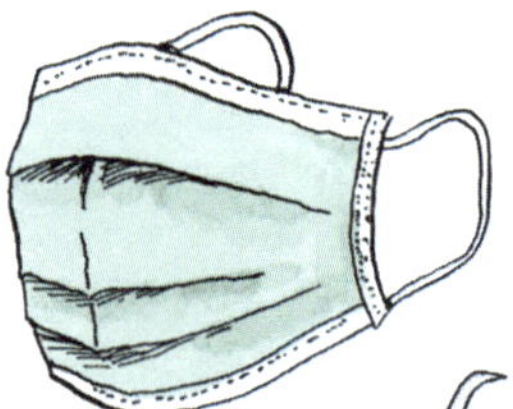

Mais ce projet était tout autre. Il y avait quelque chose de profondément incohérent. Les parents demandaient notre aide, puisqu'ils étaient inscrits à la maternité, tout en requérant de notre part une absence totale d'intervention : il fallait laisser faire Dame Nature.

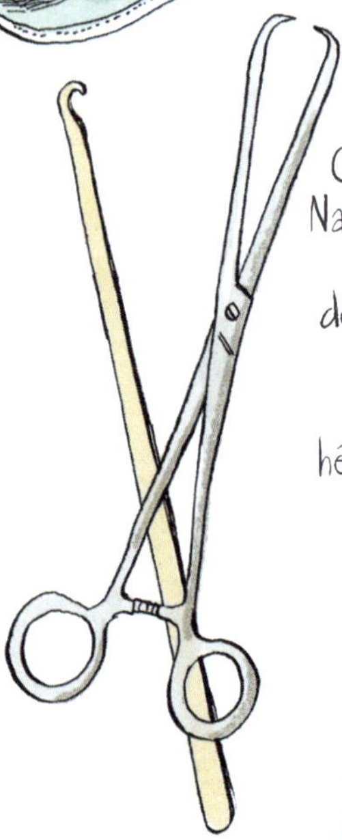
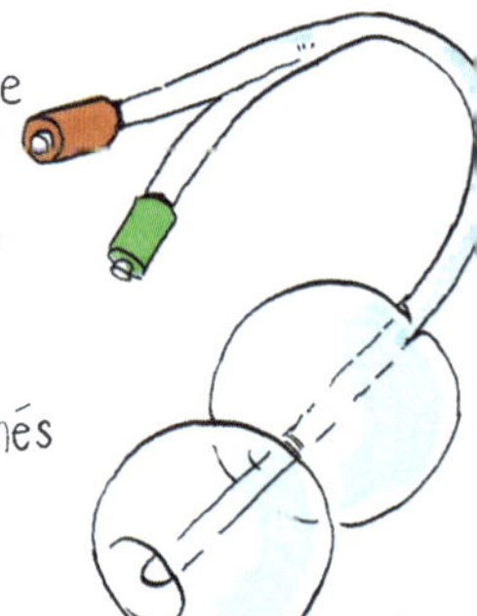

Or, il se trouve que nous ne laissons pas toujours faire Dame Nature, et heureusement. Il était fréquent d'entendre dire que "la nature est bien faite" : c'était devenu une sorte de slogan qui me heurtait et m'agaçait. Car si tel était le cas, il faudrait m'expliquer pourquoi 70 000 femmes dans le monde meurent chaque année des suites d'une hémorragie à l'accouchement. Ou pourquoi 10 % des nouveau-nés ne survivent pas à l'épreuve de la naissance.

Bref, je savais par connaissance et expérience que la nature était faillible, et pas qu'un peu.

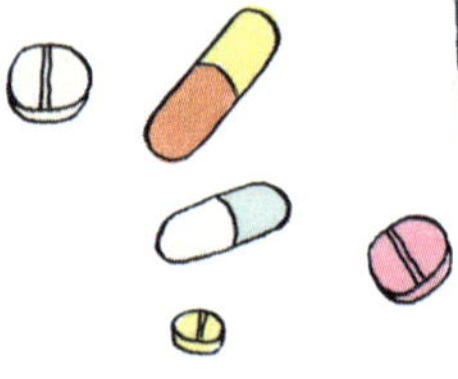
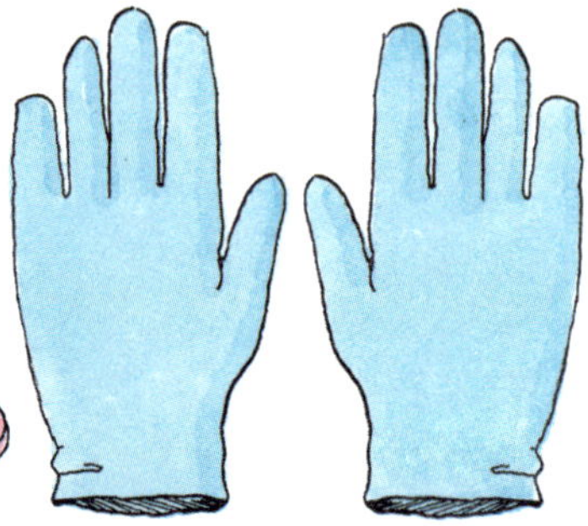
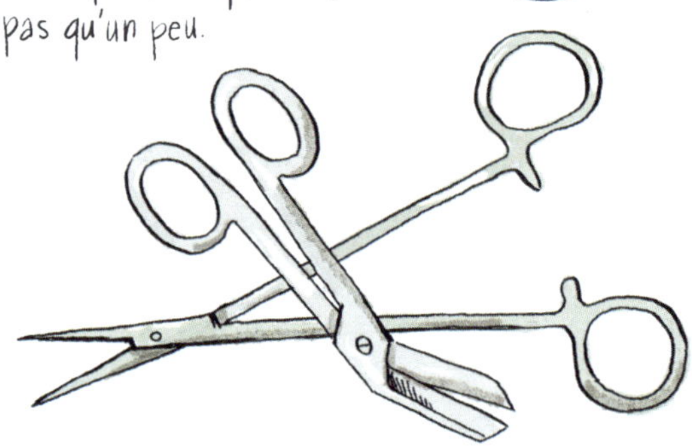

Hou là là, Anna, ce n'est vraiment pas évident ! Ils posent beaucoup de questions compliquées, ils ne veulent plus du monitoring, encore moins de la perfusion, j'ai vraiment besoin que tu viennes.
Va prendre une pause. J'arrive dans 5 minutes.
Amélie est une étudiante brillante, en 5e année, en qui j'ai une confiance aveugle. Elle a su se sortir de situations complexes et la voir en difficulté ne laisse rien présager de bon.
Maternit
les Bluet
Cette impression d'être un marin qui va prendre la mer malgré un avis de tempête...
6
TOC
TOC
TOC

C'était un couple absolument charmant. Un couple de chercheurs en histoire pour elle et en philosophie pour lui. Un duo lettré et cultivé. Au fur et à mesure que la discussion avance, je comprends de moins en moins comment ils ont pu faire un tel projet de naissance. À n'en pas douter, il y a baleine sous gravillons.

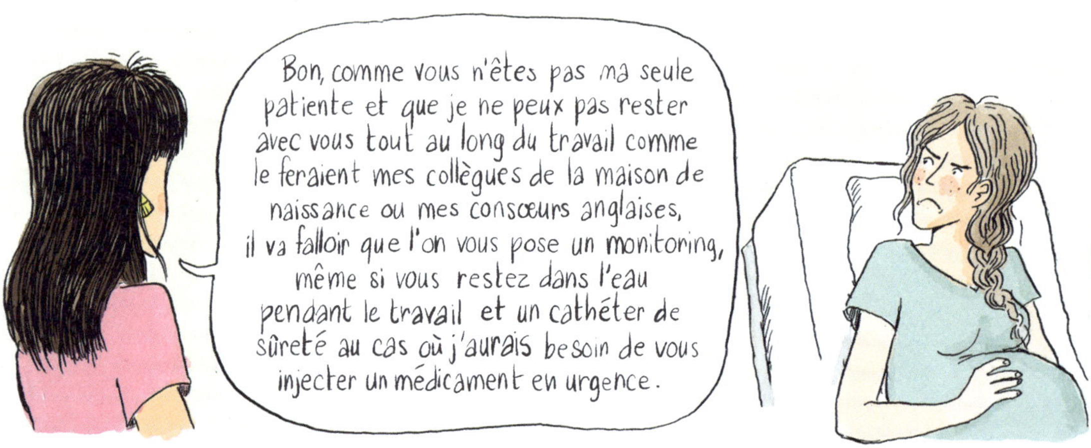

J'ai pourtant dit tout cela avec beaucoup de calme et sans aucune animosité.
Cela fait déjà 45 minutes que je suis dans leur chambre.
Comprenez-moi bien. Je n'ai aucune envie de vous voler votre accouchement. Mais je suis responsable de votre vie et de celle de votre bébé au moins pendant les prochaines heures. J'imagine que c'est pour cela que vous êtes venue accoucher ici.
Hum...
Comme vous le voyez, j'ai d'autres patientes et je n'ai pas la possibilité de rester auprès de vous tout au long du travail.
Hum...
Vous n'êtes encore qu'en tout début de travail, je vous propose de différer un peu la pose de la perfusion et du monitoring.
Mouaif OK.

Allez, go !
On fonce chez les autres, il y a du taf !
Maintenant que vous êtes stable, on va pouvoir vous transférer dans le service des grossesses à haut risque.
AAAAAAAAH
BOUHOUH
La chambre 6, elle veut te voir.

Les contractions sont vraiment fortes...
Le vrai travail a commencé.
Il est l'heure de poser le cathéter et le monitoring.
NON!
Mais enfin, Maud, qu'avez-vous? Vous avez dit tout à l'heure que vous étiez d'accord?
Je ne peux pas rester à vos côtés, la garde est trop chargée.
Laissez faire la nature!
Je ne suis pas votre ennemie et vous savez très bien qu'ici, on accouche nos patientes comme on accoucherait nos meilleures amies. Je ne vous veux pas de mal, je n'interviendrai que si vous ou votre bébé courez un risque.
Franchement, vous croyez que ça m'amuse de faire des sondages, des épisiotomies, de mettre des tubes pour respirer dans les trachées des bébés? Je ne suis pas votre ennemie. Je n'ai qu'un seul objectif : protéger votre vie et celle de votre nouveau-né tout en vous laissant maître de ce moment, rien d'autre.

BOUHOUHOU
HOU
HOU
Maud, expliquez-moi, je ne comprends plus rien.
Mon père est mort pendant ma grossesse des suites d'un cancer qui a duré des années. Les 3 derniers mois, il est resté à l'hôpital et ça a été très dur. Il était mourant mais les équipes ne cessaient de lui prodiguer des soins qui le faisaient souffrir pour prolonger sa vie.
Personne ne nous écoutait. On aurait voulu qu'on lui foute la paix, qu'il rentre mourir tranquillement chez lui. Au lieu de ça, ce fut un calvaire. Tout ça pour qu'au bout du compte, on lui fasse une injection mortelle, car on était allé trop loin.
Vous comprenez bien, Anna, que les équipes hospitalières me fassent un peu peur, non ?
Évidemment, que je comprenais. Si elle nous avait raconté son histoire au cours de la grossesse ou en arrivant en salle de naissance, nous aurions gagné beaucoup de temps. Nous allions enfin pouvoir travailler.

Maud, je suis tellement désolée pour vous. C'est un si grand chagrin.
Peut-être y a-t-il eu de la maladresse ou de la maltraitance ?
Impossible de savoir... De toute façon, ce qui est fait est fait. Aujourd'hui est un autre jour, et il faut parler d'aujourd'hui. Ne passez pas à côté de la naissance de votre fils.
La nature, comme vous ne cessez de le dire, est bien faite sur un certain nombre d'aspects. Mais elle est aussi sacrément imparfaite, croyez-moi. La nature permet que les femmes et les bébés meurent en nombre au moment de la naissance. Cette nature-là, je ne l'aime pas. J'ai pris un engagement, celui de protéger la vie des femmes et des nouveau-nés, et je compte bien le tenir du mieux que je peux.
Pour ça les hommes, la technique et la médecine ont mis au point des outils formidables qui permettent de limiter la casse. Alors réjouissons-nous d'être en France, à notre époque. Soyons heureux de faire des épisiotomies, des césariennes et des révisions utérines quand cela est nécessaire.
Oui, mais...
Laissez-moi finir. Oui, l'hypermédicalisation de la naissance est allée un peu loin et nous avons besoin d'un rééquilibrage, nous sommes bien d'accord. Il faut rendre l'accouchement aux femmes qui accouchent, mais en utilisant ce que la technique peut nous offrir, en cas de danger. Je vous le répète, je ne suis pas votre ennemie.

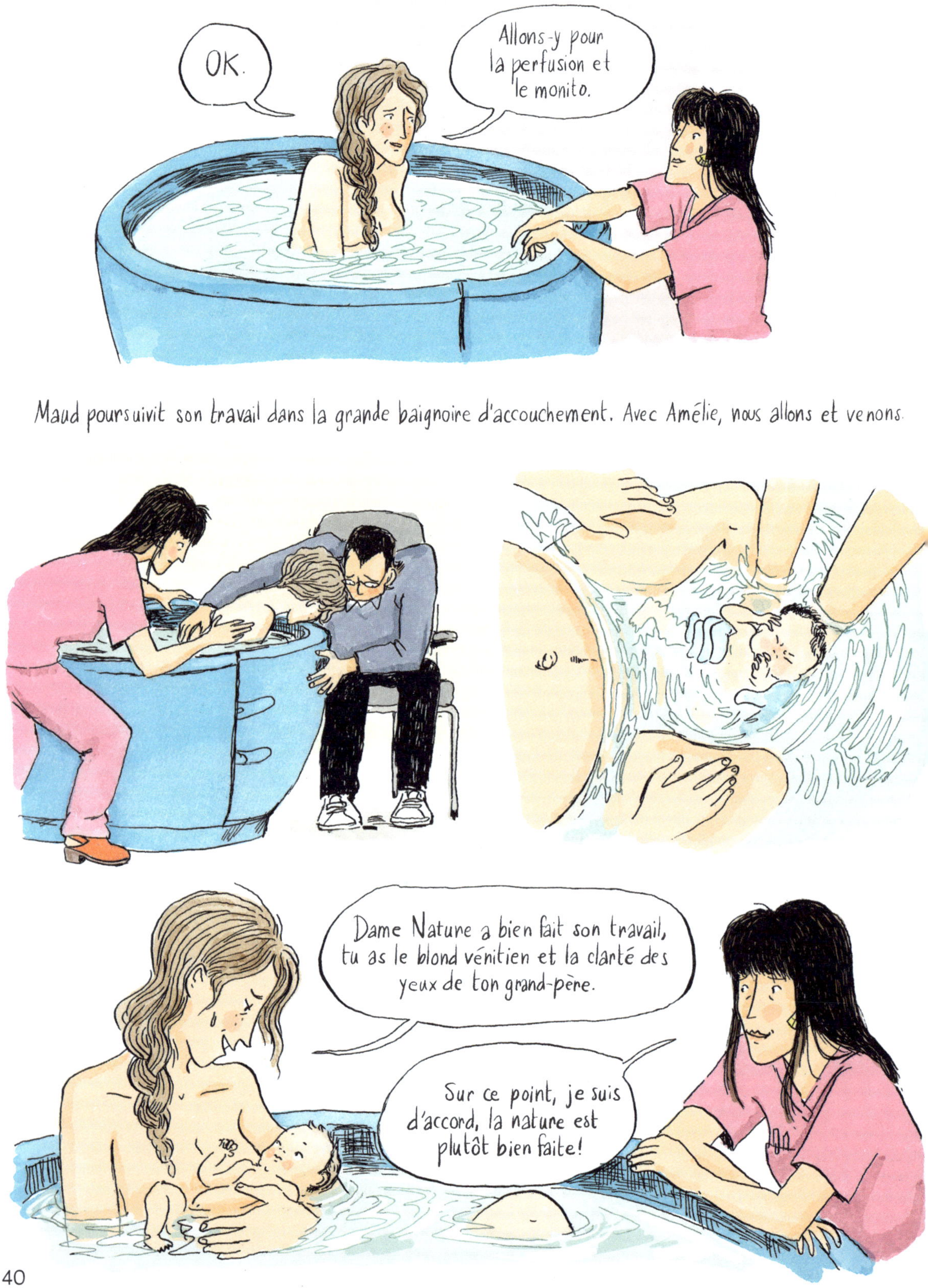
OK.
Allons-y pour la perfusion et le monito.
Maud poursuivit son travail dans la grande baignoire d'accouchement. Avec Amélie, nous allons et venons.
Dame Nature a bien fait son travail, tu as le blond vénitien et la clarté des yeux de ton grand-père.
Sur ce point, je suis d'accord, la nature est plutôt bien faite !

Un mois plus tard.

Voilà, le sens de cette histoire peut se résumer à cela.
Tout a été dit.

Dans les projets de naissance, évitez les listes de courses sur ce que vous voulez ou pas. Racontez-nous qui vous êtes, ce que vous attendez de nous, ce qu'on peut faire pour vous.

Le dossier médical est intégralement écrit par nous, vous avez l'opportunité grâce au projet de naissance de mettre votre patte, ne passez pas à côté de ça.

La battante

Dans la chambre de Myriam, nous sommes silencieux comme stupéfaits.
Anna, cette scène-là, j'en ai tant rêvé et ça y est, nous y voilà.
Enlever les agrafes de votre césarienne ?
Myriam et Pablo, c'est du gâteau. Une histoire d'amour franche, immédiate, forte et qui dure. Ils sont jeunes, beaux et tout leur réussit. Ou presque.

I - L'endométriose

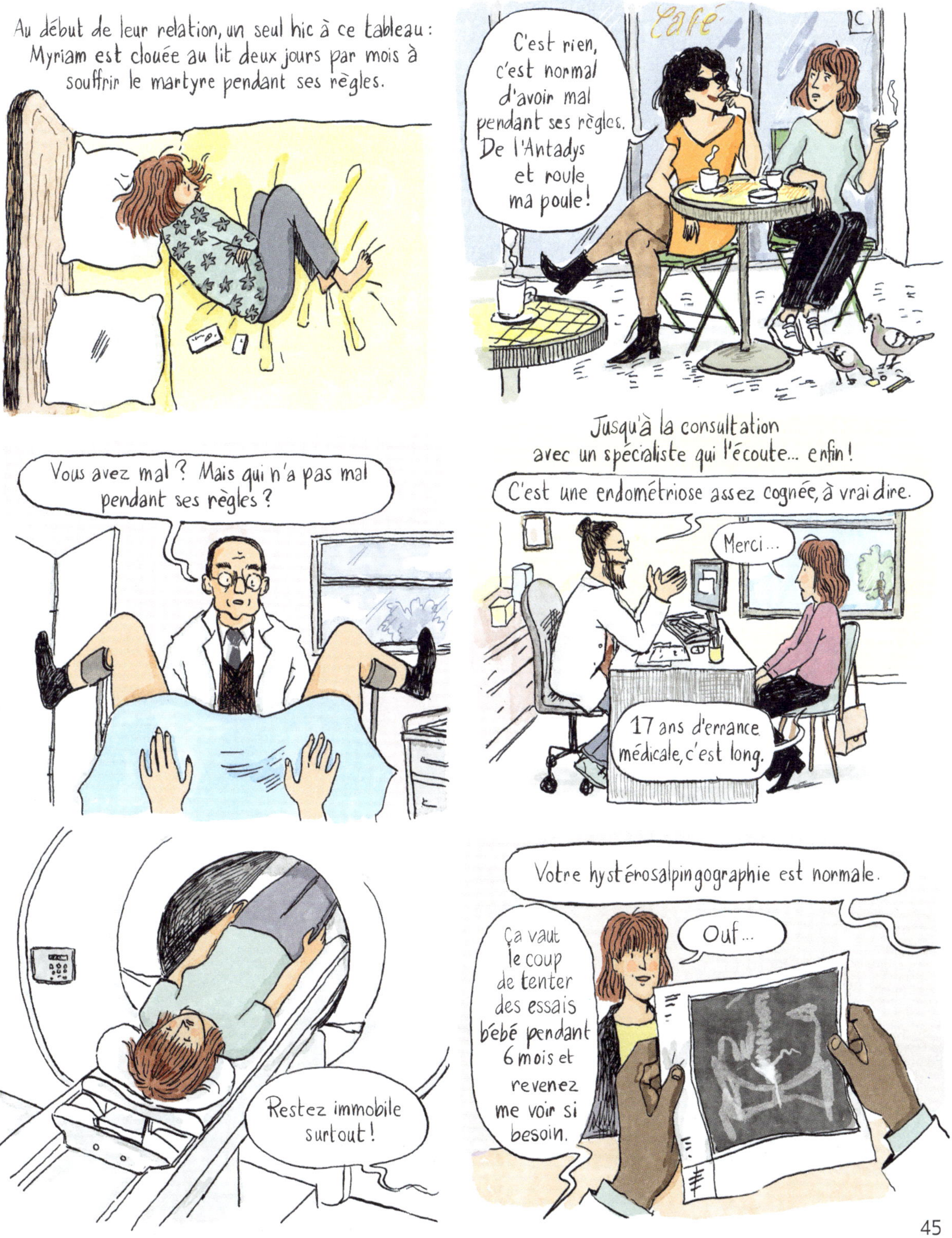

II - L'infertilité

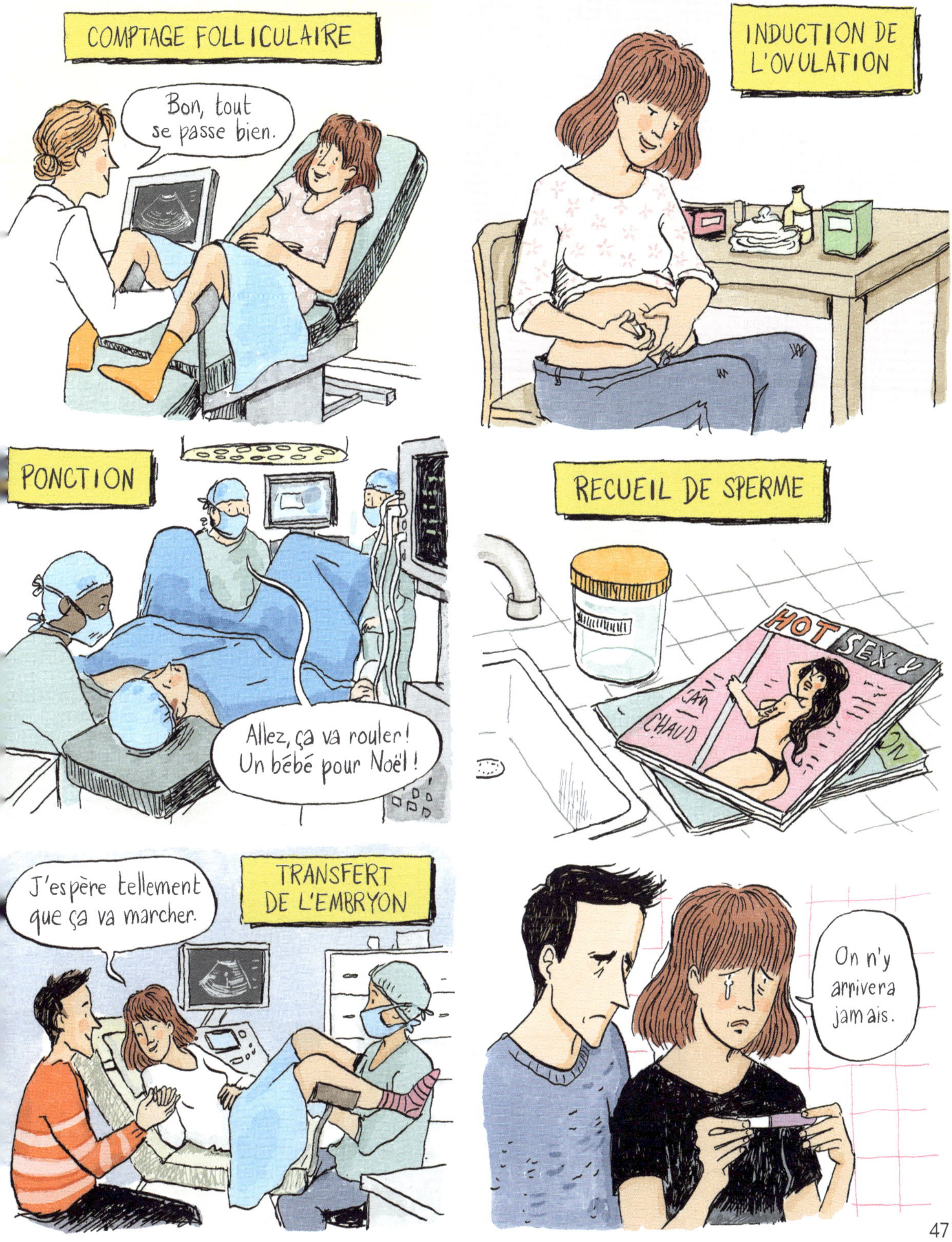
COMPTAGE FOLLICULAIRE
Bon, tout se passe bien.
INDUCTION DE L'OVULATION
PONCTION
Allez, ça va rouler ! Un bébé pour Noël !
RECUEIL DE SPERME
HOT SEX
J'espère tellement que ça va marcher.
TRANSFERT DE L'EMBRYON
On n'y arrivera jamais.

III- Les arrêts naturels de grossesse

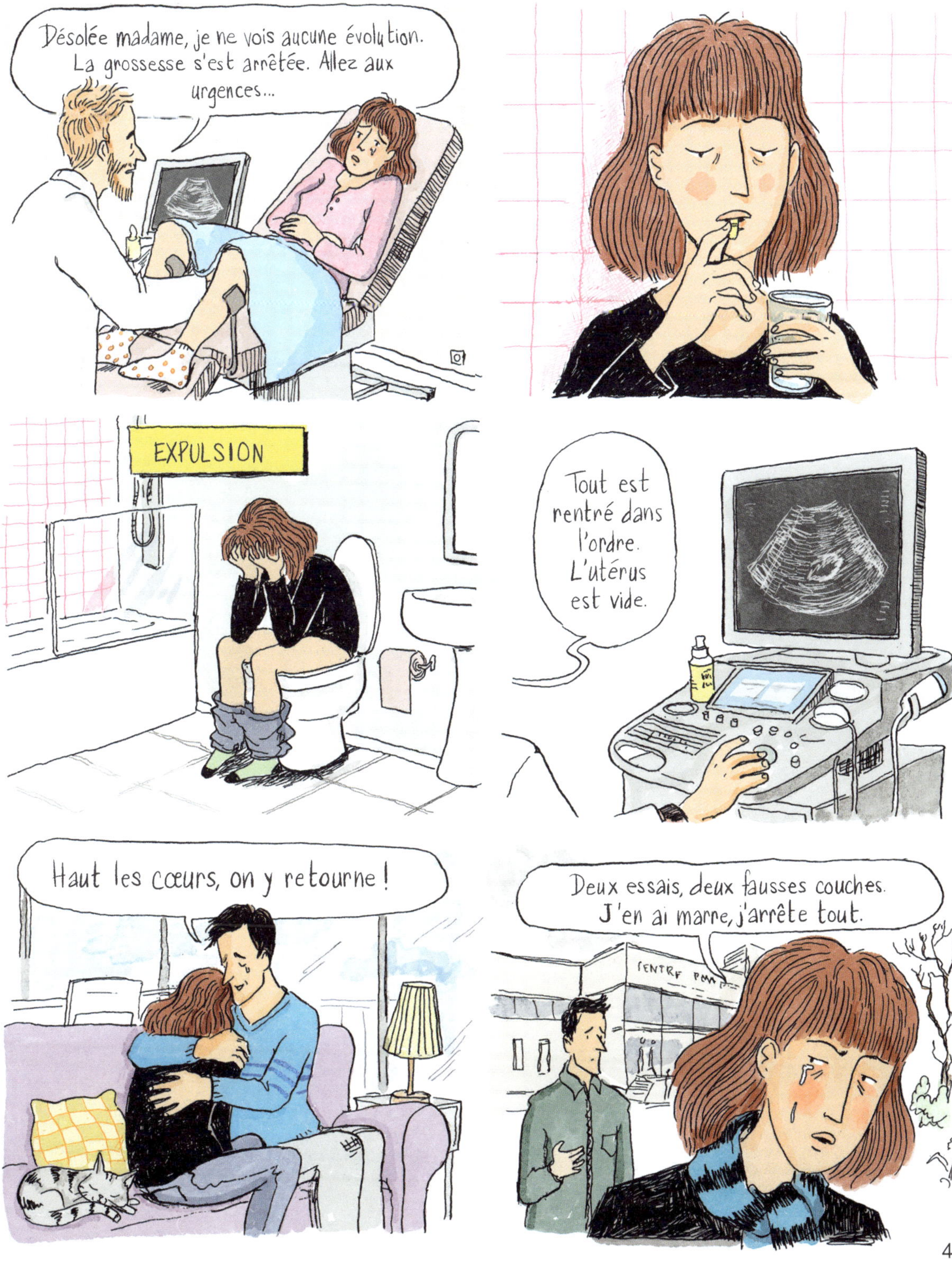
Désolée madame, je ne vois aucune évolution. La grossesse s'est arrêtée. Allez aux urgences...
EXPULSION
Tout est rentré dans l'ordre. L'utérus est vide.
Haut les cœurs, on y retourne !
Deux essais, deux fausses couches. J'en ai marre, j'arrête tout.
CENTRE PMA

IV- La grossesse

Regardez, il suce son pouce !
C'est fou !
Chéri, je crois que je contracte beaucoup trop...
On va aller à la maternité !
Le col est modifié, vous êtes en menace
'accouchement prématuré. Il faut vous hospitaliser.
Trois semaines à l'hôpital, c'était long. Contente de rentrer !
18/10 de tension. Il faut aller aux urgences très rapidement !
MATERNITÉ
URGENCES

V - L'accouchement

Je voudrais qu'on prenne la mesure de ce que les femmes peuvent vivre.
Et je n'ai pas raconté le tiers du quart de la moitié de son histoire :
la réalité dépasse de loin ce que l'on a pu ici mettre en images.

Pour monsieur ?
Un seul examen : un spermogramme, avec un recueil de sperme.
Quel décalage.

P.-S. : Combien de soignants aura-t-il fallu pour accompagner Myriam ? Une armée !

P.-S.2 : Myriam a eu "de la chance" !
Malheureusement, de nombreuses femmes, à la différence de Myriam, traversent ce parcours avec des soignants parfois malveillants.

Vertigo

la Belle Époque
2011, je suis un bébé sage-femme.
J'exerce déjà à l'hôpital depuis 2 ans mais ce sont mes premières visites à domicile.
Aujourd'hui je rends visite à Sarah et Antoine, des potes de potes.
Sarah est infirmière en réanimation
Bienvenue Anna !
Antoine est chirurgien
Ils ont déjà deux enfants
Ils ont tout vu et tout vécu, franchement je les adore !

Je vais les voir à la maison pendant toute la grossesse pour les consultations de suivi et la préparation à la naissance.

Entre la vie familiale avec deux enfants de 3 et 5 ans et les gardes, leur quotidien est militaire. Pas de place à la désorganisation !

Salut Anna,
je crois que c'est le jour J !
Quelle chance !
C'est fou que tu sois là
pendant ma garde !
Suivez-moi !
Un moment hors du temps
et de l'espace.
Un accouchement aux petits oignons dans la grande
baignoire bleue des Bluets, sans péridurale.
Une merveille !

Le post-partum se passe sans aucune difficulté ou presque.
Ça va Sarah ?
Ça va, ça va !
On est crevés bien sûr, mais on trouve nos marques !
À la prochaine Anna !
Ne changez rien ! Vous gérez !
Tout va bien dans le meilleur des mondes.

Un jour, je viens la voir pour la rééducation du périnée. Milena avait 2 mois et demi.

Comme prévu, Sarah
eprend le travail au bout
e 6 mois, parce que c'est
un troisième enfant.
Première visite après la reprise du travail.
Ça va Sarah ?
Un jeune homme est mort.
Accident de vélo, 18 ans.
Et les parents pulvérisés par la douleur.
J'avais pas beaucoup dormi...
Et je sens que je n'arrive pas à me blinder, du coup...
Ça va aller...

Deuxième visite.
Ça va Sarah ?
J'ai du mal...
Les enfants...
Le manque de sommeil...
Les gardes...
Vraiment, c'est dur...
Je pense pour la première fois à la dépression post-partum mais je ne réagis pas plus.
Va voir ton médecin !
D'accord Anna !
Le médecin ne réagit pas davantage. Elle voit même un psy.
Pourquoi n'ai-je pas signé un arrêt de travail ?

Troisième visite.
Ça va Sarah ?
J'ai envie de mourir, Anna.
Le sol se dérobe sous mes pieds, je suis au bord du malaise. Elle n'est pas du genre à raconter des histoires. Envie de mourir ? Mais je fais quoi, moi ? Je me sens comme un bébé face à cette femme de 40 ans très affirmée.

Sarah va y être hospitalisée. À l'époque, on n'est pas des "stars" dans le domaine et je vais la voir régulièrement.

Sarah, sans le savoir, venait de m'apprendre tant sur la vie des femmes.
Elle avait déclenché mon intérêt immodéré pour le post-partum
et m'avait permis d'en comprendre l'enjeu majeur.

Sarah m'a appris :

Que la dépression post-partum est un mal sournois qui peut nous frapper toutes, y compris celles que l'on pense invincibles.

Le scandale de la durée du congé maternité.

Que lorsqu'on fatigue après un retour au travail, on s'arrête immédiatement pour éviter ou tenter d'éviter une dépression post-partum.

Que si on ressent l'envie de mourir, on se rend sans attendre aux urgences générales, psychiatriques ou à la maternité.

Et on fait le score EPDS* dès qu'on sent
qu'on a un coup de mou,
voire une fois par mois.

Avec Sarah, on s'aime vraiment beaucoup et j'ai encore des nouvelles. Ils vont très bien tous les cinq.

*EPDS : Edinburgh Postnatal Depression Scale

La dresseuse de tigres

Guichet 2
Guichet 3
Halte-là ! C'est vous que je dois voir.
On est en 2016, j'ai de la bouteille. Je suis sûre de moi.
Bonjour, je...
Que les choses soient bien claires !
Moi, je veux accoucher dans un vaisseau spatial !
Je suis la fille d'un grand médecin de l'AP-HP.
Je veux de la technologie !
Je veux de la sécurité !
Des fils partout et une péridurale.
Elle ne me parle même pas de ses contractions...

Eh bien, allons-y pour le vaisseau spatial !
J'adore la médecine ET l'espace !
Vous êtes bien tombée !
Si c'est ce que vous voulez, vos désirs sont des ordres !
Tope là !
CLAC

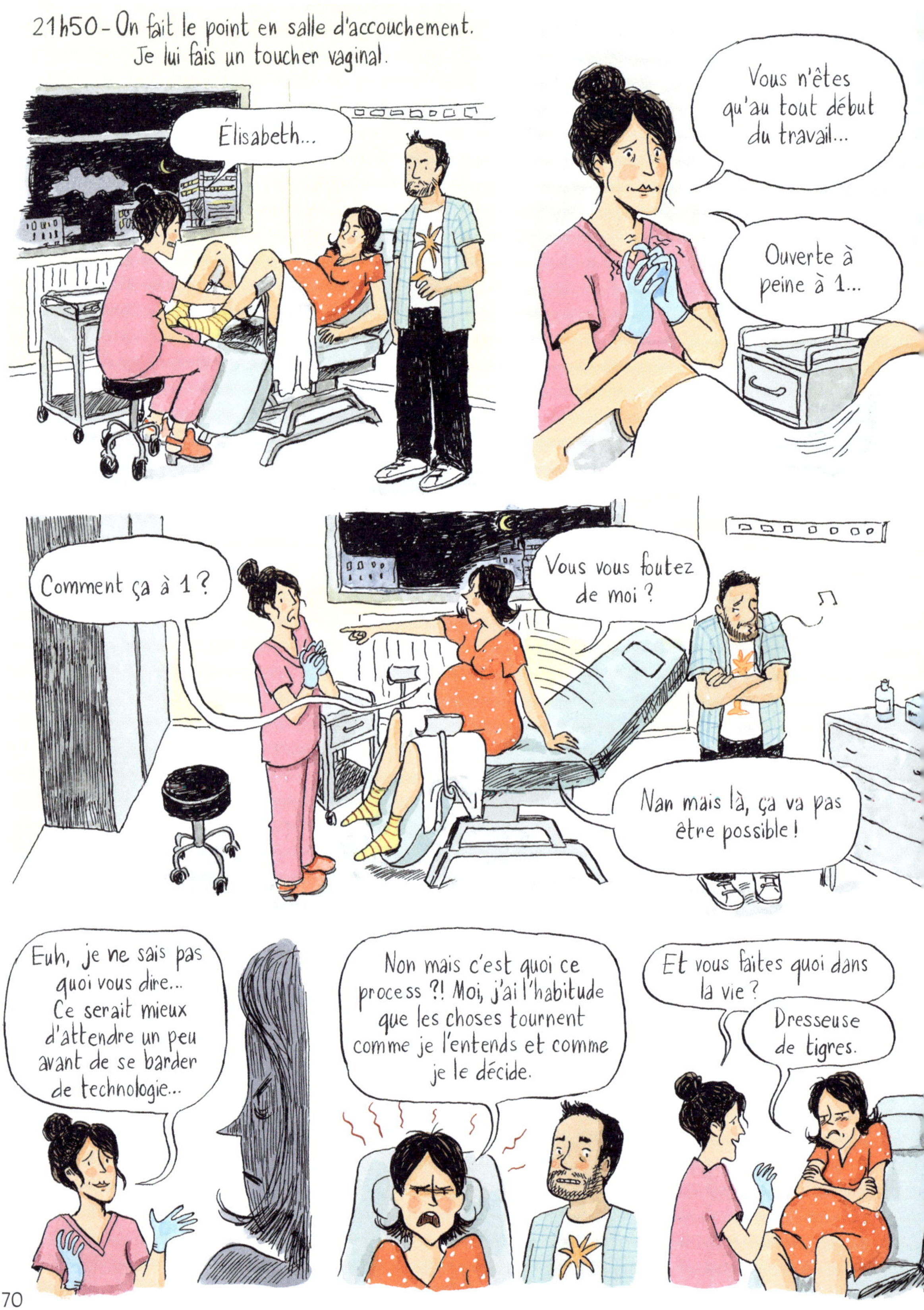
21h50 - On fait le point en salle d'accouchement. Je lui fais un toucher vaginal.
Élisabeth...
Vous n'êtes qu'au tout début du travail...
Ouverte à peine à 1...
Comment ça à 1 ?
Vous vous foutez de moi ?
Nan mais là, ça va pas être possible !
Euh, je ne sais pas quoi vous dire... Ce serait mieux d'attendre un peu avant de se barder de technologie...
Non mais c'est quoi ce process ?! Moi, j'ai l'habitude que les choses tournent comme je l'entends et comme je le décide.
Et vous faites quoi dans la vie ?
Dresseuse de tigres.

FLAMBOYANT COUCHÉ!
PFFFFFF
Excusez-moi! Pardon...
La dresseuse de tigres, fille de grand médecin qui veut accoucher dans un vaisseau spatial. Trop pour moi! J'ai l'impression d'être filmée en caméra cachée.
Les tigres, eux, ils m'obéissent, mais là mon corps est à la ramasse!
HA HOU HOO HOU HOU HOU HOU HOU HOU
Je reviens plus tard, je dois aller examiner une patiente!
HA HA HAHA HA ?
HA HA HA HA HA HA
Faut que je vous raconte un truc!
Hi Hi Hi Hi
HA ha HA ha HA HA HA HA HA HA HA HA
Cette femme nous met en joie! Ça tombe bien, la garde est morose.

22 h 30 - Je me calme et j'y retourne.
Je vous propose de prendre un bain et de refaire le point plus tard.
HA HA HA HA HA HA
Un bain !?
C'est le retour au néolithique, ici ? J'ai mal et vous me proposez de patauger dans de l'eau chaude ?
HA HA HA HA
Euuuuuh...
Et si on écoutait Anna ? Accepte pour une fois que ce soit toi le tigre et elle la dresseuse.
PFFFFFFFFF
OK !
HÉ HÉ HÉ HÉ
Vous arrêterez l'eau quand ça sera bon !
J'ai deux patientes à suivre cette nuit-là. Elle et une autre qui reste en surveillance après une hémorragie de la délivrance suite à un accouchement déclenché pour chorioamniotite. Le bébé est en réa néonat pour une suspicion d'infection materno-fœtale sévère.

Élisabeth ne le sait pas mais elle va me donner une force incroyable pour faire face à l'horreur de la situation deux portes plus loin.

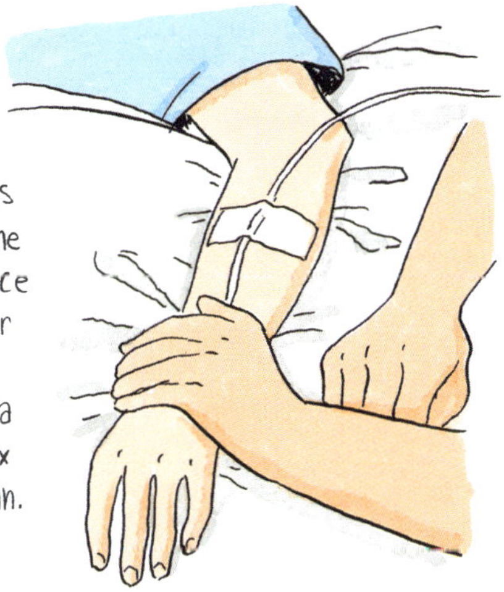

23h45

On ne me l'avait encore jamais faite celle-là ! Les femmes sont nues oui, mais pas les pères !

Les pères doivent porter un maillot et, si vous n'en avez pas, ce serait bien d'enfiler votre caleçon.
HA HA HA HA HA HA HA
Revenez dans 3 minutes et ce sera fait !
Hi Hi Hi Hi Hi Hi
00h15 – Nouveau toucher vaginal.
Élisabeth, vous êtes à 6, vous êtes trop forte !!!
Votre bébé est très bas, c'est le moment pour le vaisseau spatial, les fils, la péri et tutti quanti parce que ça peut aller vite.
Non mais j'aime bien votre truc de babos, je suis bien dans l'eau.
Les contractions font hyper mal, c'est clair, mais vous me faites rire et j'ai envie de vous faire confiance.

Dans mon for intérieur, j'ai la frousse.
La dresseuse de tigres m'amuse mais elle m'impressionne aussi. Elle me témoigne de la confiance... j'ai peur que ça se retourne contre moi.
Et elle a un sacré caractère.
OK!
00 h40 - Retour en salle de garde
Elle a un tel caractère, une telle présence... elle va sortir le fouet si elle regrette...
Le choc des titans!
HA HA
HA HA HA
ANNAAAAAARG
ARRÊTEZ TOUT
Courage! Vous assurez!
Elle est entrée en "phase de désespérance".
C'est drôle, toi qui voulais un vaisseau spatial... Elle a réussi à te dresser la Anna, c'est une belle performance.
Je suis si fière de moi!

1h15 - Je sais que c'est la fin, que je vais devoir rester avec elle. Je vais voir mon autre patiente.
SHLAK
C'est fou comme, sans qu'elles le sachent, elles se seront aidées !
Ça va aller Anna !
ANNA C'EST L'HORREUR J'AI UN OBUS DANS L'CUL ! FAUT QU'TU FASSES QUELQUE CHOSE POUR MOI !
On est passées au tutoiement.
Attention Mesdames et Messieurs dans un instant... Ça va commencer !
HU
HU
HU
HU hu
Je m'habille en vitesse pour finir l'accouchement. Ça me permettra de rire sous mon masque.
POUSSE TON OBUS, VAS-Y !

PFFFFRT...
hu
HA HA HA HA
hu hu
hu
HAHAHA
HA HA HA HA
HAHAHAHA
AU S'COURS JE VAIS À LA SELLE !
La tête est sortie !
OUIN OUIN
Anna, merci ! Vous m'avez offert le plus beau des accouchements !

Elle ne le sait pas mais, encore aujourd'hui, quand j'ai un coup de mou, je pense à ma dresseuse de tigres, aux rires, au bain et au vaisseau spatial.

La grande absente

J'ai rencontré Matthias et Leïla à mon retour de congé maternité, au tout début du mois de septembre 2016. C'était comme si je les avais toujours connus.

Vous voyez un peu ? Simple, fluide et évident. Un peu comme en amour ou en amitié, une grande réciprocité immédiate, un truc vraiment agréable, un coup de foudre, oserais-je presque dire.

C'est ainsi qu'au cours des séances qui se succédèrent dans un temps assez court, je fis tomber les barrières de protection les unes après les autres.

Leïla
Bienvenue Gabrielle. L'accouchement fut un rêve éveillé !
Bonjour Leïla, je suis heureuse de t'entendre ! Comment vas-tu ?
T'avais tellement raison.
C'est EXTRAORDINAIRE d'accoucher !
Je suis raide dingue de Gabrielle !
Et franchement, pour le moment, elle est tellement sympa !

Le lendemain, il était 19h et j'allais rejoindre mon mari pour un dîner au restaurant en amoureux.
♫
Elle venait de rentrer à la maison et, comme souvent à ce moment-là, moult questions avaient dû assaillir les nouveaux parents !
Leïla
Allô Leïla, comment vas-tu ?
Grrr... g... ghh...
La voix était étouffée, inaudible, haletante. Comme si elle était très essoufflée.
Leïla, je ne comprends pas ce que tu me dis... tout va bien ?
TÛÛÛT TÛÛÛÛT
Vous êtes sur le répondeur de Leïla. Veuillez laisser un message après le bip.
Leïla, on a été coupées. Problème de réseau. Rappelle-moi.

Allô Matthias, contente que tu rappelles. Je n'ai rien compris à ce que me disait Leïla ! Tout va bien ?
Nous... nous... je... je... Nous... je... Mais... mais...
Chaque mot était comme une lame d'acier aiguisée. Coup de poignard en plein sternum. Je n'arrivais plus à produire un son... Le temps s'étire, chaque seconde semble durer des heures.
Matthias, dis-moi ! Est-ce que tout va bien ?
Je ne sais pas quoi te dire et tout ce que je pourrais dire serait insuffisant...
Ça va pas du tout...
Gabrielle est morte.
Elle est morte ce matin ou en fin de nuit, on ne comprend pas ce qui nous arrive.
Vous sortez quand ? Je viens quand même demain ?
On ne sortira pas aujourd'hui mais demain ! Évidemment que tu vas venir ! Pourquoi cette question ?!

J'ai modifié mon planning. Je savais que je ne pourrais pas continuer après.
À l'hôpital, on est protégé par nos blouses, par l'équipe, par les soins à faire...
Anna, arrête-toi de pleurer nom d'un chien, calme-toi. Ce n'est pas toi qui souffres le plus dans cette histoire ! Ils ont besoin de toi !
Je convoque des souvenirs agréables de l'été dernier.
À chaque fois qu'une patiente trinque, on y laisse des plumes et un peu de légèreté.

Comment ça va Anna ?
Et ton petit Auguste ?
Je suis contente de te voir !
Aïe, aïe, aïe... Leïla est sidérée, elle n'a pas encore réalisé...
Tu sais que j'ai trouvé la musique pour les obsèques ?
Allons nous asseoir.
...un accouchement de rêve... on était fous de joie... puis à 5h du matin, elle n'avait pas tété. On l'a retrouvée inanimée. Et l'enfer... les hurlements... la tentative de réanimation désespérée de la sage-femme... le pédiatre arrive en courant... et qui ne peut rien... Le couperet tombe.
Anna, tu peux ranger la chambre avec nous ?
Évidemment, cela ne fait pas partie de mes attributions. Mais, évidemment, j'accepte. Que pourrais-je faire d'autre ?

J'ai l'air très sûre de moi. Dans mon for intérieur, c'est la débâcle.

On fait quoi de ses affaires ?
À mon avis, il ne faut pas se précipiter pour en faire quelque chose de précis... mais vous ne voulez pas les avoir devant les yeux, c'est ça ?
Oui.
Vous avez une cave ?
Oui.
Dans ce cas, Matthias, va à la quincaillerie juste au coin de la rue, ils ont des cartons.
On va tout ranger proprement. Vous verrez bien ce que vous ressentez à ce sujet et ce que la psy qui vous suit vous conseille.
Je n'ai pas de meilleure idée, là maintenant...
J'y vais !
BRICOMARKE
Tu peux allumer le four ? J'arrive !
Il t'a dit quoi ?
TÛÛÛT

LIVRE

AAAAAAAH

Je lui avais choisi cette tenue pour son baptême.
Je ne vais pas pouvoir continuer à vivre.
Je ne veux plus, je souffre trop.
Je la croyais sur parole. Sa petite fille était morte et elle venait seulement de le réaliser. Son deuil venait de commencer.

Je vais m'en sortir, Anna ?
Elle s'en sortirait, oui, mais le chemin serait long et semé d'embûches. Et puis ce n'était pas le moment de lui dire cela non plus. Désormais et pour tout le reste de sa vie, un amour foudroyé resterait là, fiché dans son cœur.

Gabrielle est morte à Paris le 20 septembre 2016 des suites d'une mort subite à l'âge de deux jours.

Elle a été inhumée le 28 septembre 2016 après une très belle cérémonie de funérailles. C'était une enfant magnifique qui a fait la joie de ses parents et de sa famille pendant de longs mois avant de s'en aller.

Gabrielle vient d'avoir un petit frère. Il va très bien. Et je suis toujours aussi heureuse de m'occuper de cette adorable famille.

Crochet et thé dansant

PROGESTERONE
LUTENYL

À l'époque où je rencontre Catherine, allons-y sans ambages, ménopause rime pour moi avec vieillesse, cancer, syndrome génito-urinaire, bouffées de chaleur, fatigue, cheveux blancs, incontinence, cercueil, aigreur, rides, peau flasque, absence de sexualité...
Pourquoi cette vision ?
La faute à la société, aux médias, aux cours en médecine, aux repas familiaux, à cette ambiance générale dans laquelle j'évolue.
À l'inverse, le post-partum est décrit comme une période uniquement enchantée...
PRESSE
Notre temps
PRESSE
Milk
Jeunesse, seins denses, sexualité au plafond, areuh areuh et j'en passe !
Et j'adhère
Bonjour Madame Roy, je vous appelle parce que je crois que je suis en pleine ménopause et je voudrais faire le point.
Euh... ben... je n'ai plus vraiment de place mais Mme Exbrayat pourra vous prendre en charge.
Bonjour Madame, je viens d'accoucher et j'aurais besoin d'une visite à domicile.
Avec joie ! Quand vous voulez.
Cathy

Bonjour Catherine !
TILING
Ah, bonjour Anna !
Catherine, c'est une patronne de bar où je vais tout le temps. À vue de nez, elle a une soixantaine d'années.
Alors, tout roule ? Comment va la patiente de la rue de Turenne ? Toujours en pleine dépression ?
Chez elle, c'est mon deuxième salon.
J'y vais pour réfléchir, écrire, rêver, faire mes comptes et parler avec Catherine !
Ça va mieux mais maintenant, c'est son mari qui plonge, figurez-vous !
Oh, il est gonflé !
Il n'a pas accouché, lui ! Les états d'âme des hommes... J'vous jure...
Un café, ça vous suffit ? C'est pour moi en tout cas !
Oui oui, merci ! C'est adorable !
Au fait Anna, vous voudriez bien vous occuper de mon périnée ?

Ok, oui avec plaisir !
Oh non pas ça ! Pitié !
À lundi Catherine !
J'ai immédiatement l'odeur de l'EHP
dans le nez, ce mélange de soupe,
détergents hospitaliers et d'urine.
Elle habite à deux rues de son bar.
DRING

Bienvenue à la maison !
HOP!
Vous êtes dégoûtée par mon corps de vieille ?
Oh non, c'est tout l'inverse !
Je vous trouve magnifique ! Vraiment !

Mais vous savez, toutes mes copines sont comme moi !
HA HA
Vous imaginiez quoi ? Que les corps des femmes ménopausées sont comme des peaux de sharpeï ? Que nos seins et nos sexes se sont déformés ?
HA HA HA HA HA HA HA HA HA HA HA HA HA
EUH... BAH...
EUH...
C'est exactement ça ! Je suis tellement désolée !
On la fait, cette consultation ?
Mais Catherine, votre périnée n'est pas ramolli, il tient super bien la route !
Il est bien plus tonique que chez la plupart de mes patientes de 25 ans !
Faites les exercices que je vous ai montrés pendant quinze jours !
Ok Anna !

2e visite : jamais je n'ai vu une telle progression ! Jamais !
WOUAOU !
Vous avez bossé combien d'heures par jour ?
Pas plus que ce que vous aviez mis sur ma liste !
Depuis le temps, je connais bien la bête vous savez !
HA HA HA HA
3e visite…
Catherine, vous avez un amoureux ?
Oh là, oui ! Le même depuis 30 ans !

Il y a eu des hauts et des bas, et là c'est très haut depuis quelques mois.
Je peux vous poser une question indiscrète ?
Comment se passe la sexualité à votre âge et au bout de 30 ans de vie commune ?
Décidément Anna, vous me faites rire ! Super bien !
HA HA HA HA
Bon, c'est vrai, maintenant j'utilise du lubrifiant mais à part ça, c'est nettement mieux qu'avant...!
Hi Hi Hi Hi Hi
Je ne sais pas pourquoi mais les complexes ont disparu !
Ah... euh...
Vous en avez de la chance.
Je pense à ma sexualité en berne parce qu'on ne dort pas la n
et à toutes mes patientes en post-partum comme moi.
Mais vous en auriez douté ?
Bah... j'sais pas...
HA HA HA HA HA HA

4e visite : je veux en savoir plus sur les symptômes de la ménopause.
J'imagine que c'est horrible : des bouffées de chaleur, un vagin tout sec, une humeur triste, la chute des cheveux, les ongles cassants, de l'anxiété, des insomnies...

Dernière visite
Et la forme, ça va ? Avec les journées de boulot ?
Bien sûr, je vieillis. J'ai mal par-ci et par-là et je n'ai plus tout à fait la même énergie.
Mais franchement, j'ai pas l'air si mal, non ?
Et pas de maladies ?
Mais pourquoi voulez-vous que je sois malade !
Ménopause : 50 ans.
Espérance de vie des femmes : 85 ans.
Cette période dure donc 35 ans, autant que la période où l'on est réglée...
Je venais de comprendre. Ma peur ? Celle de la mort !
Décidément, vous êtes encore plus drôle que quand vous venez au café.

Grâce à Catherine, je n'ai plus eu peur des femmes ménopausées. J'ai même éprouvé une sacrée honte de m'être fait avoir par le discours ambiant.

Après cette rencontre, j'ai suivi beaucoup de femmes ménopausées. Et vous voulez que je vous dise ? Aucune ménopause ne se ressemble ! Comme aucun accouchement, aucune "première fois", etc. La ménopause ne dit rien intrinsèquement de la personne.

C'est fou, ces idées reçues que l'on plaque sans y penser et sans les remettre en question sur ce que les femmes "devraient" vivre, surtout dans leur corps.

La ménopause, c'est une expérience universelle profondément singulière, exactement comme l'accouchement, le post-partum, les premières règles, etc. Il y a autant de ménopauses qu'il y a de femmes et, croyez-moi, le plus souvent, ça a l'air rudement chouette !

Une histoire de couple

Voici une histoire très banale.
Celle de Laura et d'Antoine, la trentaine passée. Ils sont en couple depuis 13 ans.
Ensemble, ils ont tout vu, tout vécu, ou presque.
Je les rencontre pour la première fois au début de la grossesse.
Ils se sont rencontrés en soirée chez des amis communs.
Elle suit des études de droit, elle est hype brillante!
Lui aussi fait du droit...
Leurs mères respectives meurent d'un cancer à 3 mois d'intervalle.
Ils ont dû s'occuper d'elles pendant des semaines dans deux villes différentes.
Lui est devenu professeur compagnon de menuiserie.
Elle est commise d'office.
Et un jour...
La grossesse était parfaite...

Elle obtient l'examen du barreau de Paris.
...mais il arrête brutalement pour devenir menuisier.
Ils se marient dans une ambiance campagne et bohème.
BOARDING PASS
...l'accouchement merveilleux.
Le post-partum était joyeux, fluide.
Tout ça pour dire que c'est un couple soudé qui a su traverser les épreuves et les joies de l'existence avec solidité et force.

Et puis un jour, tout va changer. Première séance de rééducation du périnée.

C'était tellement incongru et tellement impensable que j'ai eu un moment de flottement, à me demander si j'étais bien là où j'étais, en face de Laura et de son couple en béton armé.

Il vous frappe, vous insulte, vous rabroue ? Il vous a trompée ?
NON, POURQUOI ?
Allez savoir pourquoi, mais j'étais rudement en colère. Peut-être que je me projetais ?
Alors, je suis désolée, mais avant de plier bagage, vous allez rencontrer un conseiller conjugal !
Parce que même si, au final, vous décidez de vous séparer, ce sera utile d'avoir un médiateur pour que tout se passe au mieux.
Antoine ne voudra jamais, c'est certain ! Ce n'est même pas la peine, puisqu'il n'est pas d'accord pour qu'on se sépare.
Et si c'est avec moi ?
OK, il y a une chance que j'arrive à le convaincre.

Une semaine plus tard.
Alors, dites-m'en plus. Laura, vous voulez partir ?
Mes patients sont gonflés. Toujours à me mettre dans des situations à la noix...
Antoine, vous en pensez quoi ?
Je suis d'accord avec les constats que fait Laura. C'est pas la joie entre nous.
Mais bon... on se cherche des noises tout le temps, elle est fâchée contre moi tout le temps...
C'est clair qu'on n'a jamais été dans cette situation. Je comprends qu'elle soit déçue, mais de là à partir...
J'ai besoin d'y voir plus clair. Refaisons l'histoire point par point.
La dernière nuit correcte que vous ayez passée ?

Les jours qui ont précédé le début de la grossesse, après, c'était parti pour un réveil par nuit.
SSSSSSSSSSSSS
La veille de la naissance, je m'en souviens encore, tellement c'était bon !
OK, mouaif… Le manque de sommeil a des conséquences désastreuses sur la santé physique et mentale. On se met en mode "struggle for life", c'est-à-dire qu'on devient incapable d'empathie, on est irritable, on se sent mal et en danger, bref, on comprend pourquoi c'est le pire ennemi du couple.
Continuons. Le dernier repas que vous ayez pris ensemble sans être interrompus ?
Celui avant de partir à la maternité ! On était hyper émus parce qu'on savait que c'était le dernier avant la naissance !
Oui, c'est vrai !
C'est très dur de ne plus avoir de temps ensemble…

... de ne plus pouvoir partager un repas dans la tranquillité en laissant les conversations se dérouler...
Bon sinon, pendant le congé maternité et paternité, où vous étiez ensemble tout le temps, ça se passait très bien, c'était fluide non ?
Ou j'ai rêvé ?
Oui, c'était doux !
Oui, magique !
WOUF
Donc ça a commencé à se crisper quand Antoine a repris le boulot mais le pire c'est quand vous, Laura, vous avez repris aussi, n'est-ce p
?
Euh oui... mais comment le savez-vous ?
Je précise que vous, Laura, vous ne m'avez rien dit. Quand Antoine a repris après 4 semaines de congé, il s'est remis à faire des journées hyper intenses au boulot (comme avant et parce qu'il n'a pas le choix) et il dormait peu la nuit parce qu'il se levait avec vous.
OUIIIIN !
Seulement vous, Laura, vous viviez aussi des journées super intenses avec le petit à prendre en charge toute seule.

Vous, Laura, vous ne compreniez pas pourquoi Antoine était épuisé, alors que bosser à l'extérieur sans dormir la nuit, c'est horrible.
RRRRRR Rr
Vous, Antoine, vous ne compreniez pas pourquoi Laura était épuisée après avoir passé toute sa journée à la maison, alors qu'en fait, il n'y a rien de plus fatigant et d'exigeant que de s'occuper d'un bébé.
Chacun dans votre coin, vous éprouviez un immense sentiment d'injustice. C'est juste ?
Absolument vrai... Quand il rentrait, j'estimais que j'avais fait ma part et que c'était à lui de tout gérer parce que les journées étaient dures.
Totalement... C'était affreux, Laura m'en demandait toujours plus, elle était horripilée par ma fatigue, au taf, ils me pressurisaient, et sans dormir...
C'était l'enfer !
Ils ont l'air estomaqués de ma compréhension, alors que c'est simplement mon quotidien avec les couples. C'est souvent la même chose, mais ça, ils ne le savent pas.
Mais ce n'est rien à côté de ce qui va se passer quand vous, Laura, vous allez reprendre le boulot. On va passer un palier supplémentaire. Pendant votre congé maternité, vous avez absorbé un nombre considérable de tâches invisibles parce qu'on ne peut pas imaginer qu'elles soient aussi chronophages.
Je prends un exemple, Antoine : faire vacciner le petit.

Bienvenue au cabinet pédiatrique, veuillez nous laisser un message...
Pour ça, Laura a dû prendre rendez-vous chez le pédiatre,
Bienvenue au cabinet pédiatrique, veuillez nous laisser un message...
s'y rendre,
ORDONNANCE
infantrix
Patch
aller une première fois chez le pharmacien, commander les vaccins, retourner les chercher,
les conserver, mettre le patch, emmener le petit pour les vaccins, vérifier qu'il les tolérait bien.
Donc, faire simplement vacciner le petit, c'est, au bas mot une journée de boulot. Pareil pour les couches et l'approvisionnement, etc. Bref, c'est Laura qui absorbait la majorité et c'est "normal" parce qu'elle ne travaillait pas. Laura, vous êtes toujours d'accord ?
Oh que oui !

Donc Laura, elle faisait un max de trucs... qui ne se voient pas. En reprenant le boulot, Laura, sans le conscientiser vraiment, vous avez continué à absorber l'essentiel de ces tâches sauf que vous vous êtes mise à bosser, et vous ne dormiez toujours pas la nuit. Alors vous avez senti l'aigreur, l'épuisement et le découragement s'installer... Vous commenciez à en vouloir à Antoine et on comprend pourquoi. Et vous, Antoine, vous ne compreniez pas pourquoi elle était d'aussi mauvais poil.
Mais oui, c'est exactement ça !!!!
Je suis vraiment désolé...
Je ne vous pose pas la question de la sexualité ?
On n'a aucune libido.
Oui, c'est pas vraiment la fête de ce côté-là...
D'autres choses à me signaler ?
Je ne crois pas... Laura ?
Non, rien de plus !

Sans surprise, dans ce contexte, il faut que ça change. C'est à vous de trouver les solutions. Mais je vous propose d'explorer trois pistes.
1
Il faut que vous listiez toutes les tâches du quotidien et que vous vous les répartissiez équitablement.
2
Il faut que vous ayez des nuits correctes... Nuits alternées ? Grands-parents une fois par semaine ?
3
TCHIN !
Il faut que vous ayez du temps ensemble en amoureux.

Check ? On se revoit dans un mois et si ça ne va pas, direction le conseiller conjugal parce que ça dépassera mes compétences. Nous, Laura, on continue de se voir une fois par semaine pour le périnée mais on ne parlera pas de ça.
OK, ça roule ! On n'a rien à perdre à essayer.
Les trois visites de périnée avec Laura qui ont suivi, je l'ai vue se détendre et son visage s'ouvrir. C'était dingue !

Un mois plus tard.
Cette fois, c'est à vous de parler !
Bah, on peut dire que notre vie a changé !
On s'engueule comme avant la naissance, pour des conneries et ça fait du bien ! Bon, on est toujours un peu crevés hein, mais rien à voir.
Qu'est-ce qui a changé, du coup ?
On fait une nuit sur deux, on dort séparément et le petit va une nuit chez ma sœur tous les 15 jours... franchement quelle idée géniale !
On s'est tout réparti... Bon, évidemment, j'avais sous-estimé la quantité de trucs à faire, c'est chaud ! Mais il n'y a plus de rancœur chez Laura et ça change tout !
Et puis on a trouvé une baby-sitteuse qui vient une fois par semaine. On a une nouvelle marque de couches et on a arrêté de se faire livrer un repas par semaine pour pouvoir la payer.

Depuis, souvent, quand ils sont en week-end tous les deux ou qu'ils vont au restau, ils m'envoient un SMS avec une photo d'eux, heureux : "MERCI ANNA".

Avoir un enfant, ça soude énormément mais c'est ébouriffant pour les couples. Deux tiers d'entre eux vivent un baby clash, que je préfère appeler "crise maturative à l'arrivée de l'enfant". Des patients avec cette histoire, j'en connais des tas. Mais souvent, ils ne rencontrent pas d'aide sur leur chemin et les piles de dossiers et la rancœur s'accumulent jusqu'au point de rupture. Avouons-le... c'est un peu con, non ?

Bien sûr, on ne badine pas avec la violence, qu'elle soit verbale, psychologique, physique ou sexuelle. Dans ce cas-là, contactez le 3919, le 17, le 115, une association d'aide aux victimes, les urgences médicales, un soignant ou un proche...

Tirez n'importe quelle sonnette d'alarme. Mais n'oubliez pas : des solutions existent.

Urgence royale

J'effectue un stage au SAMU en troisième année (sur 5). C'est la deuxième année où je mets la main à la pâte. 21 ans. Mes potes viennent d'entrer en école d'ingé mais j'ai les mains dans le cambouis pendant qu'ils font la fête. Je suis ravie de ce stage. C'est à l'hôpital de La Pitié.

Le SAMU, c'est une petite maison au sein de cet immense hôpital. C'est tellement grand qu'il y a carrément un arrêt de bus !

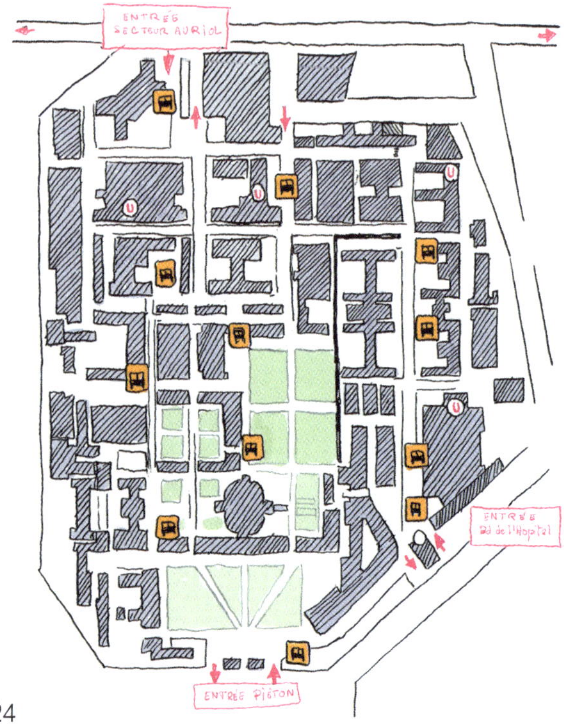

Chambre de garde, 4h30 du matin.

WOUHOUhouhouhou HOUhou
On part pour un accouchement ! C'est génial que tu sois là !
SAMU DE PARIS
Il est 5 heures, Paris s'éveille...
C'est génial, on a une sage-femme dans ♪♫ le camion na-na-na-na-nère ! ♫
Euh... mais de quelle sage-femme il parle ? C'est quoi ce traquenard ?

Tu sais, pour les pompiers et nous, les accouchements il n'y a rien de pire. Deux patients en un, on n'a pas le matos suffisant, bref... C'est vraiment top que tu sois là !
I'm an English man in New York ! WOHHO !!!
Je rêve ou je vais être en première ligne ? Il est inconscient, je suis encore un bébé !
Il est soulagé que je sois là parce qu'il ne porte plus la responsabilité ?
WOH HO !
SSSSSCRIIIIIIIIIIIIIIIIIIIIIIII

AAAAAAH!
Ça urge! C'est par ici les amis!
J'ai tellement mal...

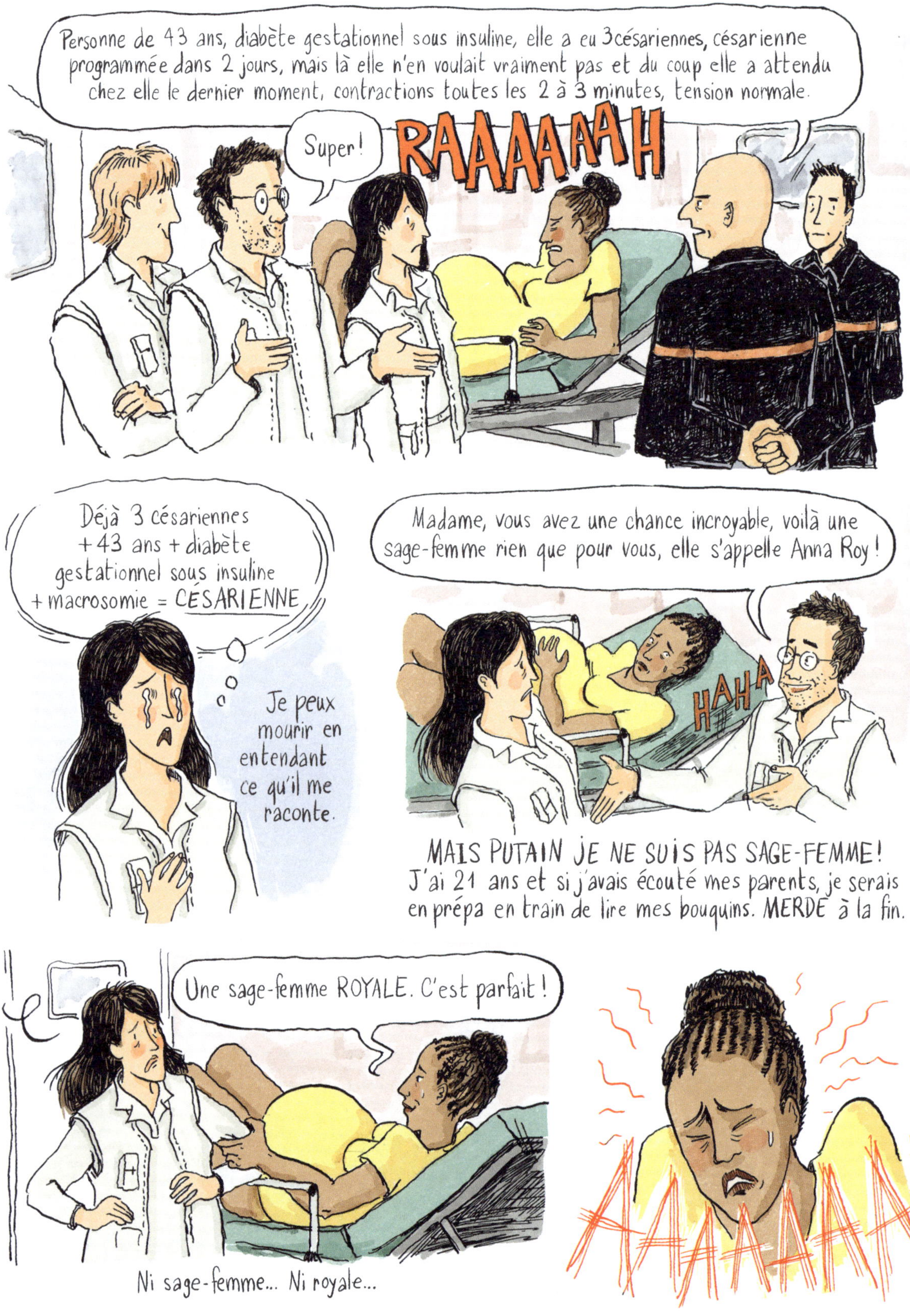
Personne de 43 ans, diabète gestationnel sous insuline, elle a eu 3césariennes, césarienne programmée dans 2 jours, mais là elle n'en voulait vraiment pas et du coup elle a attendu chez elle le dernier moment, contractions toutes les 2 à 3 minutes, tension normale.
Super !
RAAAAAAH
Déjà 3 césariennes + 43 ans + diabète gestationnel sous insuline + macrosomie = CÉSARIENNE
Je peux mourir en entendant ce qu'il me raconte.
Madame, vous avez une chance incroyable, voilà une sage-femme rien que pour vous, elle s'appelle Anna Roy !
HAHA
MAIS PUTAIN JE NE SUIS PAS SAGE-FEMME ! J'ai 21 ans et si j'avais écouté mes parents, je serais en prépa en train de lire mes bouquins. MERDE à la fin.
Une sage-femme ROYALE. C'est parfait !
Ni sage-femme... Ni royale...
AAAAAA

Elle est à dilatation complète, l'enfant dans le bassin, c'est foutu pour aller à la maternité et pour la césarienne.
Comment vous vous appelez ?
Kadiatou !
Je commence à me calmer et à sentir la force qui monte.
C'est fou comme le stress peut acérer mon esprit !
Va falloir qu'on y arrive, vous et moi.
Vous allez m'aider !
Tous ces messieurs qui servent à rien, ils sont obligés de rester ?
Ils sont 4 : un infirmier anesthésiste, 2 pompiers et un médecin et on les sent complètement dépassés par l'immensité de cette femme et de ce moment.
On en fait abstraction d'accord ?

AAAAAAAAAAH
Elle pousse pendant 20 minutes. C'est court, mais dans ce type de circonstances… C'est tellement long… mais tellement long…

Vous avez été incroyable… Vraiment, bravo Kadiatou !
PIMPON PIMPON PIMP
Votre enfant est éclatant de santé! Si beau ! Il est immense !
On doit repartir à l'hôpital Lariboisière. On s'occupera du placenta là-bas.
URGENCES MATERNITÉ
Et voilà enfin de vraies sages-femmes ! J'aimerais leur sauter au cou tellement je suis soulagée de les voir.

Mes pieds ne touchent plus le sol, de joie, de fierté, de soulagement, de tout...
WOHOO.
I'm an English man in New York !
I'm an alien, I'm a legal alien...
C'est à cette adrénaline-là, à ces sensations-là que je vais devenir accro.

Le lendemain, à l'hôpital Lariboisière
Je cherche Kadiatou !
Ah Kadiatou, la coquine du service !
Elle nous a fichu la trouille !

Vous êtes les mains de Dieu sur la Terre, ne l'oubliez jamais !
Croire à ça serait bien trop dangereux, mais je comprenais ce qu'elle voulait dire. Le travail des sages-femmes était éminemment important.

Et moi,
et moi,
et moi...

ROUTE
66
STOP
PAR LÀ

La grossesse

Ce que je voulais

Programmer,

continuer de faire la fête...

et une vie professionnelle inchangée.

Ce qu'on attendait de moi

Ce qui s'est passé pour de vrai

Grossesse inopinée !

J'ai adoré pratiquer mon métier avec Auguste dans le ventre !

Mais je me sentais débile...

égoïste...

maladroite.

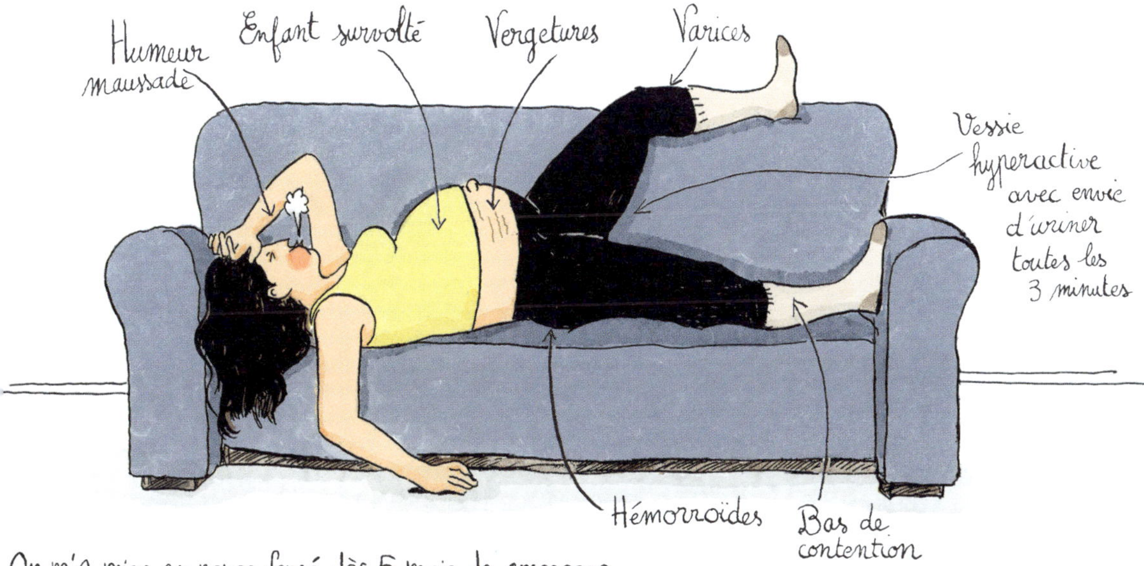

On m'a mise au repos forcé dès 5 mois de grossesse

L'accouchement

Je ne voulais rien du tout, j'avais peur...

Ce qu'on attendait de moi

Ce qui s'est passé pour de vrai

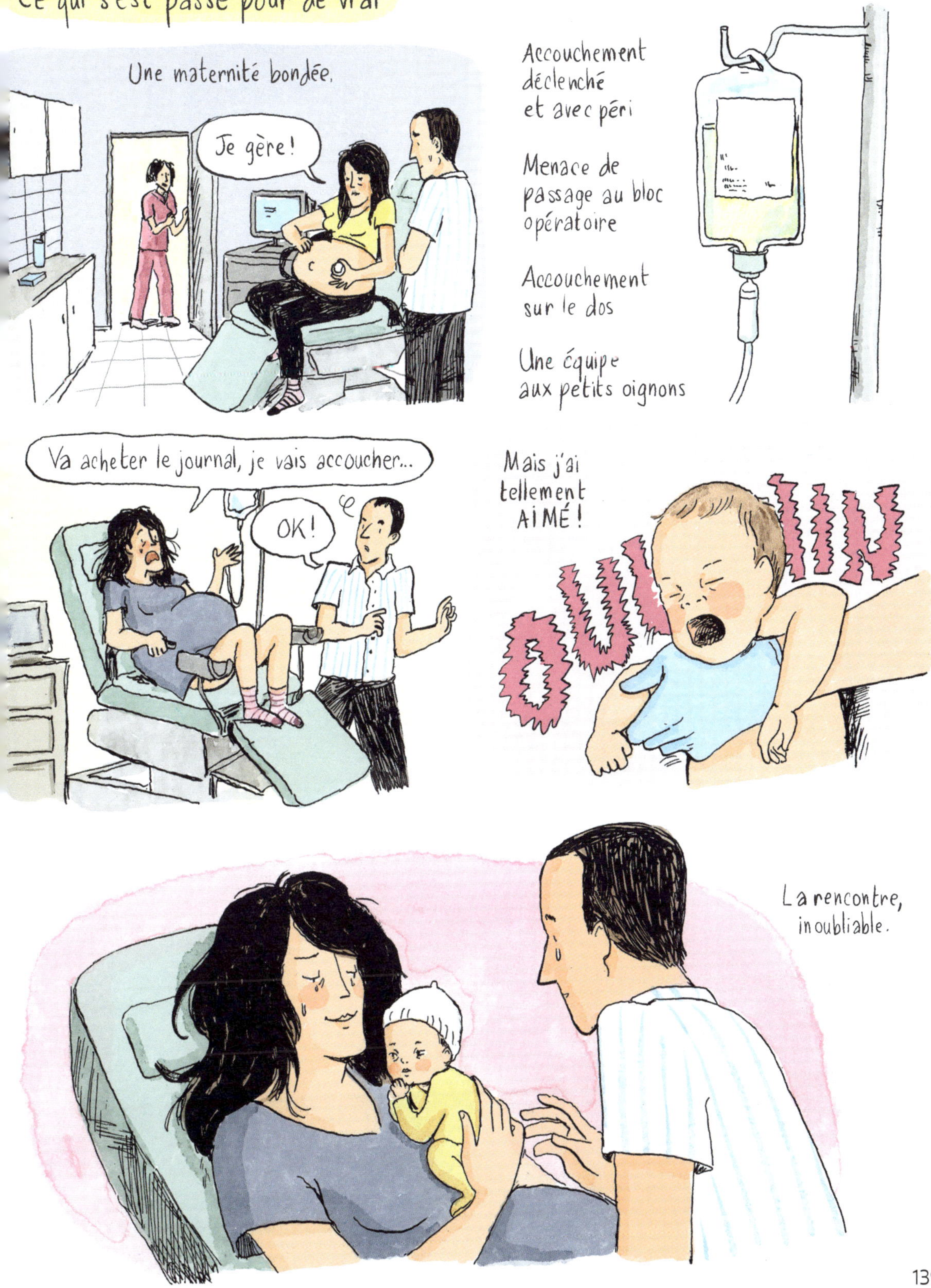

Le post-partum côté mère

Ce que je ne voulais PAS (grâce à l'observation de mes patientes)

Être seule avec mon bébé au bout d'une semaine

Prendre sur moi en n'exprimant jamais mes émotions...

...entrainant des difficultés de couple

Avoir une dépression du post-partum

Ce qu'on attendait de moi

Que je reste tranquille, que je fasse du maternage proximal

Que je sois heureuse et épanouie

Qu'on fasse tout à deux en amoureux

Que je retourne en garde 2 mois et demi après la naissance

Ce que j'ai fait

Le post-partum côté enfant

Ce qui s'est réellement passé
WE WILL WE WILL ROCK YOU
HA HA
HA HA HA
HA
HA
HA
tétine
lit à barreaux
transat
poussette
petits pots
(arrêt de la DME)
ustensiles de cuisine
en guise de jouets

La conclusion ? Ce que j'ai fait n'est pas mieux ou moins bien que les autres, tracez votre route, vous savez ce qui est bon pour vous, pour votre famille et votre enfant, envoyez se faire balader tous les conseils qui ne vous conviennent pas... dans la limite de la sécurité et de la bientraitance, évidemment !

Épilogue

La vie est une succession
de montagnes...

…plus ou moins vastes, plus ou moins escarpées,
plus ou moins douces. Dans la vie des femmes,
il y en a de nombreuses et beaucoup sont éprouvantes…

La puberté, le devenir mère, la ménopause, la sexualité
et ses remous, l'infertilité, les arrêts naturels de grossesse,
les pathologies gynécologiques, le deuil périnatal, les difficultés,
les drames, voire les crimes dont elles sont victimes…

Pour décrire ce que je fais, ce que nous faisons,
j'aime l'image du guide de haute montagne.

En réalité, moi je ne fais pas grand-chose. Ce sont elles qui font tout, ce sont elles les cheffes. C'est à moi de les suivre pas l'inverse. Le plus souvent je veille, en retrait, je suis simplement une présence rassurante.

Parfois, quand elles en ont besoin, je prête main-forte. Je porte quelques bagages trop lourds, je leur indique une direction, je leur évite des chutes, je leur montre de jolis points de vue, je convoque des services extérieurs de secours, je redonne du courage, je console quand c'est trop dur, je panse les plaies...

Parfois aussi, je me plante, je leur indique une mauvaise direction, je suis trop exigeante, je ne comprends pas ce qu'elles attendent de moi.

Des fois aussi, la nature trahit.
On tombe à deux dans les ravins, on se prend la foudre, on se noie...

Quand la montagne est franchie, souvent, nous nous quittons...

Grâce à elles, je connais toujours mieux les sentiers,
les chemins, les endroits merveilleux et ceux qui sont dangereux...
ce qui me permet de mieux accompagner celles qui suivront.

Grâce à elles, je progresse dans la compréhension de la vie
et de ses vicissitudes. En quelque sorte, je m'améliore.

Tout ce qu'elles me donnent est transmis aux autres.

Je redonne ce qu'elles m'ont donné...

... dans ma vie de sage-femme !

L'expérience des unes sert l'expérience des autres !
... dans ma vie de mère !
Ce sont elles qui m'ont en grande partie appris à être mère, à faire des choix et à les assumer.
... dans ma vie de femme !
Être l'amoureuse que je voulais être, ce qui était important dans ma vie professionnelle...
... dans ma vie d'autrice !
Ce sont elles qui ont façonné mon savoir et permis à ma créativité de se déployer.
... dans ma vie de chroniqueuse télé, d'autrice de podcasts, de prof, de conférencière...

Je leur dois tant !
Elles ne me croient pas et s'obstinent à penser que c'est moi qui donne tout...
Disons alors que c'est un bel, un très bel échange !

Je dis souvent, à qui veut l'entendre, que mes patientes m'ont tout donné. C'est vrai.

Un conte de fées ? Loin de là.
Être guide de haute montagne, c'est physiquement épuisant, psychiquement éreintant.

J'y ai laissé beaucoup de plumes, je me suis blessée, j'ai perdu la légèreté et l'insouciance. Se frotter d'aussi près à la vie et à la mort, ça esquinte tout autant que ça donne de la joie.

Voilà, c'est mon histoire.

Une histoire parmi 8 milliards d'autres sur la Terre.
N'oubliez jamais que votre histoire compte tout autant que les autres.
Je vous embrasse affectueusement,

Anna (Roy)

Remerciements

Merci à Caroline pour avoir initié ce projet fabuleux et à Juliette pour l'avoir repris avec un talent remarquable.

Merci à Nicolas et Suzanne pour leur patience et leur soutien tout au long de la réalisation de ce livre.

Merci à Yaneck pour ses précieux conseils.

Et enfin, merci à tous les soignants rencontrés au cours de mon parcours de maternité. Ils ont été pour moi une source d'émerveillement, de motivation et d'inspiration.

Stéphanie

De la même autrice

Anna Roy

- *Baby-boom*, 2016, Jungle
- *Bienvenue au monde : confidences d'une jeune sage-femme*, 2017, Le livre de poche
- *Sage-femme, dis-moi tout !*, 2017, Leduc. S éditions
- *Perles de sages-femmes*, 2017, Leduc. S éditions
- *Devenir maman pour les nuls*, 2018, First éditions
- *Super future maman : l'agenda de ma grossesse*, 2019, Flammarion
- *Histoires de sage-femme*, 2021, Le livre de poche
- *On en parle de mon périnée ?*, 2021, Leduc. S éditions
- *La vie rêvée du post-partum : confidences et vérités sur l'après-accouchement*, 2021, Larousse
- *Tout sur les règles !*, 2021, Flammarion
- *C'est ma grossesse : se poser mille questions, trouver enfin des réponses*, 2022, L'Iconoclaste
- *Année zéro*, 2022, Delcourt
- *Le post-partum dure 3 ans : alors, laissez-vous du temps !*, 2023, Larousse
- *Votre grossesse, du désir d'enfant jusqu'au post-partum*, 2023, Hatier
- *Tout sur les zézettes et les zizis !*, 2023, Flammarion
- *Baby clash, devenir parents sans s'étriper !*, 2024, Larousse
- *Le journal de mon post-partum*, 2024, Larousse
- *Tout sur les bébés !*, 2024, Flammarion

De la même illustratrice

Stéphanie Rubini

- *Rouge Tagada*, 2013, Gulf Stream éditeur
- *Mots rumeurs, mots cutter*, 2014, Gulf Stream éditeur
- *Bulles & blues,* 2015, Gulf Stream éditeur
- *Invisible,* 2015, Gulf Stream éditeur
- *Hiver Indien,* 2018, Marabulles
- *Fais pas ta gamine !,* 2021, Gulf Stream éditeur
- *La Pie de Papi,* 2023, Hatier
- *La Forêt de Louison, tome 1, Le mercredi, c'est magique !,* 2024, Bayard Jeunesse

© Hatier – 8, rue d'Assas 75006 Paris – ISBN : 978-2-401-10460-0

Achevé d'imprimer par Imprimerie de Champagne à Langres – France
Dépôt légal : 10460 0 / 01 – décembre 2024

PAPIER À BASE DE FIBRES CERTIFIÉES

Hatier s'engage pour l'environnement en réduisant l'empreinte carbone de ses livres. Celle de cet exemplaire est de :
550 g éq. CO_2
Rendez-vous sur www.hatier-durable.fr